십자가 편지

십자가 편지

시산맥 기획시선 144

초판 1쇄 인쇄 | 2025년 2월 15일
초판 1쇄 발행 | 2025년 2월 20일

지은이 이창진
펴낸이 문정영
펴낸곳 시산맥사
편집주간 김필영
편집위원 최연수 박민서
등록번호 제300-2013-12호
등록일자 2009년 4월 15일
주소 03131 서울특별시 종로구 율곡로 6길 36. 월드오피스텔 1102호
전화 02-764-8722, 010-8894-8722
전자우편 poemmtss@naver.com
시산맥카페 http://cafe.daum.net/poemmtss

ISBN 979-11-6243-550-2 (03810) 종이책
ISBN 979-11-6243-551-9 (05810) 전자책

값 12,000원

* 이 책은 한국예술인복지재단에서 지원 받아 발간되었습니다.
* 이 책은 전부 또는 일부 내용을 재사용하려면 반드시 저작권자와 시산맥사의 동의를 받아야 합니다.
* 이 책은 교보문고와 연계하여 전자북으로 발간되었습니다.
* 본문 페이지에서 한 연이 첫 번째 행에서 시작될 때에는 〈 표기를 합니다.
* 저자의 의도에 따라 작품의 보조 동사와 합성 명사는 띄어쓰기가 달라질 수 있습니다.

십자가 편지

이창진 시집

| 시인의 말 |

  당신을 만나려고 출렁거리는 너울 위에서 쪽배를 저으며 출발할 때만 해도 순풍으로 가는 듯 저만치에서 솟아오르는 물고기 지느러미에 뜬 별을 보았다.

  부풀어 오른 가슴에 닿을 듯하다가 신기루처럼 사라진 당신. 밤하늘의 별은 바람에 의해 떴다 사라지고를 반복하는 사이 눈을 비벼보니 떠나갔다.

  별을 따라갔던 쪽배는 길을 잃고 가야 할 길이 어딘지 암흑 같은 두려움에 빠져서 당신에 대한 그리움도 애증도 잠시 매달렸던 새벽 물방울처럼 사라졌다.

  당신은 좁은 문틈을 열어 놓는 듯하다가 순간 전혀 다른 이질감으로 다가오다가도 때론 숨김없이 다 벗은 채로 다가왔다.

  쪽배를 타고 두려움과 끝이 보이지 않는 출렁거리는 바다 한가운데서 나침판도 잃어버렸을 때 당신을 볼 수 있는 눈과 뛰는 가슴 그리고 당신을 느낄 수 있는 감촉이 살아나면서 당신에게 천의 얼굴 천의 숨결 천의 몸짓이 있음을 깨달았다.

  한 권의 시언어를 몸에 박는 되새김질의 순례를 통해 평소리에 들어가 참소리를 찾으려고 물결치는 바다 위에서 오늘도 무명을 낚는 중이다.

2025년 1월, 이창진

■ 차례

1부

뿌리뱅이	19
입춘대길	20
쟁기봉	21
민중의 절규	22
순도 백	23
동행	24
단풍	25
소금	26
침묵의 힘	27
자기 대화	28
틈	29
일손	30
나팔꽃 사랑	31
고로쇠나무	32
꽃은 누구에게나	33

2부

소통방식	37
신 보릿고개	38
화	39
봄을 짓는 창문	40
노래	41
편지 읽기	42
부서지는 중	44
눈물의 봄	46
안전지대	48
영덕	50
무명 나무꽃	51
사람	52
기일	54
묘목장	55
무인도 할머니	56

3부

깜부기 엄마	61
담	62
부재	64
돌봄 미학	65
소나무 부부	66
아티스트	68
구두와 아가씨	69
모성	70
페이스북	71
바람의 유익	72
잠자리 3종	73
어부 원칙	74
하얀 지우개	75
눈물 삼중주	76

4부

영토 난민   79
무궁화 가정   80
울음   81
행운목   82
콘크리트 성   84
소화기   85
깨진 울음   86
옛 가족   87
빅뱅의 행복   88
늙은 태극기   90
악수   91
집짓기   92
마니아   93
상상 훈련   94

1부

뽀리뱅이

봄 햇살 언덕 꽃무늬 아이가

물 한 잔 물고 먼동 바라보는

눈빛에 어린 노랑나비의 잠.

당신의 그리움에 꽃핀 봄봄.

입춘대길

숙제 못 해서 겨우내 부풀도록
목 타던 개나리
눈이 번쩍 떴네.

당당히 서 있던 산등선 산수유
조잘조잘 웃음
산산에 앉았네.

당신이 다가와 입 맞춰 준 2월.

밤새 별이 구르며 물들인 꽃잎
즐겁게 춤추며 함께 웃자 하네.

쟁기봉

산봉우리 외길 품고 가파른 땅 밟으니

숨도 지쳐갈 길이 깊어 자갈도 지쳐서

내쉬는 숨 구구 할아버지처럼 헐떡여도

초록 바위에 부는 솔솔바람과 소통하고

쟁기 닮은 산봉우리에 오르며 개간하니

팔각정 위에 떠도는 먹구름도 평화롭다.

민중의 절규

몸의 진액 짜고 짜내며
달려온 골목 끝 맞닿은
떠돌이.

대문 활짝 열어 놨어도
늘 보이는 앞길은 검은
벽돌 벽.

넓은 틈에 핀 무궁화는
외면해 뒤돌아 서 있는
그림자.

천둥소리에 깨지고 깨져
하얀 가루 속 남아 우는
붉은 옷.

순도 백

부드럽게 찾아오는 단말 때문에
사랑한다고 말하지 않게 하소서.

쉽게 변하고 풀어지는 감정으로
흔들려도 따라가지 않게 하소서.

우리가 진정 당신을 사랑한다면
십자가 밑에서 사랑하게 하소서.

동행

가는 길이 남들과 너무 달라
소통이 불가한 외나무다리에
우선순위를 양보할 수 없는 대치 상태였습니다.

나만의 잡착의 늪에 빠져서
홀로 서서히 망가져 갈 때
정상의 심장이 뛰도록 이제는 함께 걸어갑니다.

단풍

혹한 겨울 긴긴 시간 견뎌내며
열정이 태양열보다 뜨거웠을 때

곁눈질하지 않고 붙어서 살도록
부드럽게 품어준 당신 큰 손길.

봄부터 익혀준 열매가 고마워서
조용히 가을비 속에 내려갑니다.

소금

다툼에도 비난하지 않는 입술로

약자를 말없이 감싸며 견뎌주고

마르도록 못 먹고 손가락질당해

마음속에서 설움이 차오를 때도

쓸어내리는 가슴으로 부지런히

녹으면서 스며 들어가 죽는 일.

침묵의 힘

화산 폭발보다 강하게 타오르는
핵의 응집력.

상상할 수 없이 퍼져나가려는
품속 에너지.

겨울 부엌 아궁이 불타오르도록
목마른 장작.

거대한 산보다 높고 넓어 품은
깊이가 센 천년나무 같은 뿌리.

자기 대화

너는 노래
자꾸 불러야 오네.

너는 그림
자주 봐야 보이네.

감정을 보이다
감성이 말을 거네.

보이지 않았던
너와 나의 참말들.

하드웨어에 감춘
소프트웨어 본말.

틈

보도블록 틈에서
이름 모를
풀꽃 하나.

생을 물고 섰네.

질기고 독한
짐승들 발톱 틈

무시로
틈새를 깨고 선
당신.

틈 틈 틈 사이
생명을 품은
어머니.

일손

바느질 자리
어머니 없이
뻥 뚫린 소소리바람.

흔들며 밝힌
초롱불 심지
시커멓게 잠들었네.

꿰매어 놓은
바느질 자국
눈물방울 가져가시고

떠나간 자리
어머니 손만
살아계셔 서성거리네.

나팔꽃 사랑

열대야를 견딘 후
아침을 잠깐 즐기려는
나팔꽃 속에 청개구리가 엎드려 있습니다.

나팔꽃은 보이지 않고
청개구리 등에는 낮달이 잠들어 있습니다.

아침 일찍 꽃 한 송이 피우고 싶어
밤새도록 부픈 꿈을 꾸었는데
청개구리가 올라타서 쉼을 얻고 있습니다.

그러할지라도
수수하고 맑게 핀 당신
청개구리, 가슴에 안고 기뻐하는 중입니다.

고로쇠나무

피 한 방울 남김없이
빨아 먹힌 후 숲에 버렸어도
슬픈데 슬프지 않은 마른 고목이 되었어라.

바람은 봄을 타고서
산새 소리 아픔에 앉아 울고
반짝이는 밤도 낮의 달도 멀어진 슬픔이어라.

입이 마르고 목도 굳어가며 상처가 소리쳐도
미세하게 숨어서 흐르던 피도 죽음에 멈춰서
메마른 몸 이슬만 위태로이 머물다 가는구나.

더 주지 못하여 안타까움에
뻥 뚫린 가슴
발소리에 놀랄까 말없이 다 내주고 굳었어라.

꽃은 누구에게나

꽃은 누구에게나
차별하지 않고 향기롭지만
그 향기 맞이해 입 맞추는 나비 같은 당신.

꽃은 누구에게나
예쁘고 부드러워 다가오지만
변치 않고 소중히 여겨 보호해주는 정원사.

꽃은 누구에게나
꽃이라는 이름은 기억하지만
한 몸으로 들어가 늘 함께해주는 한 사람.

꽃은 누구에게나 사랑이런가.

2부

소통방식

만나고 싶은 바람은
설렘으로 다가오면서
색색 부름에 가던 날개를 접는다.

서로 들려주고픈 설렘과
두근거리며 흐르는 화음에
수줍어 색색 변하는 들꽃의 말들.

사시사철마다
이름을 부르지 않아도 들판은
색색의 묵음 향연 소리로 오간다.

당신의 치장에 귀를 걸어놓으면
색색 묵음이 다가오면서
소통이 시작된다.

당신은 무슨 색으로 말하고 있지.

신 보릿고개

가을비에 젖어
축 처진 어깨
비벼대는 갈대의
일상을 통째로 삼키는 참새 떼.

추위가 소리 없이 펑펑 내려도
눈보라 떨구어 내는
나락의 노동을 찾아내
사정없이 쪼아대는 비둘기 떼.

배불러 우는 시대 찾아온 떼들.

화

속은 뜨겁고 몸은 차갑게 식어
살과 피는 서서히 기울어 가고

먹어도 흘러내리는 벌거숭이로
길을 지고 가며 쌓인 먹장구름.

순간 사라진 젊은 날의 다혈질
소리쳐봐도 잡을 수 없는 빈곤.

당신에게 붙은 불 끄지 않으면
몸도 영혼도 점점 힘을 잃는다.

봄을 짓는 창문

혹한 겨울이
창문에 들어와
잠잠히 기대고 있으면
날개부터 서서히 익어가면서
금빛 향해 날아갈 준비를 한 후
오후쯤 훨훨 날아가
들녘에 앉아 방그레 꽃을 피운다.

달도
하얗게 잠들 때쯤
창문은 봄을 짓기 위해
들녘을 위해 다시 해를 품고 익힌다.

흙담 밑에서
어린 병아리
새록새록 어미 품으로 파고들어 간다.

노래

어느 날 떠나지 않는 슬픔을 잠잠하게 하시려고
웃음꽃이 꺾이고 삶이 심한 웅덩이에 빠졌을 때
몸부림쳐도 당신은 귀를 기울이지 않으셨습니다.

파선하는 폭풍이 닥칠 때도 깊이 침묵하셨습니다.

몸과 심장이 굳어져 가는 재난의 수렁 가운데서
조롱과 비웃음으로 눈물도 사막에 내몰렸습니다.

이리저리 떠도는 가랑잎처럼 말라비틀어졌을 때
전신이 타들어 가는 고통과 갈라지는 목마름에서
당신을 향하던 굳은 낙타 무릎도 깨트리셨습니다.

그러할지라도 당신을 바라보며 중얼대는 노래를
진토에서 건져 올려 광야의 캄캄한 동굴을 거쳐
새 여정의 길로 가는 새사람이 되게 하셨습니다.

여러 폭풍 치는 바다 웅덩이에서도 건져 내시고
속히 일으켜서 물과 꿀로 종일 먹게 하셨습니다.

편지 읽기

사람은 사람을 읽습니다.

속과 겉이 다른 편지가 있어 자세히 살펴서 읽어야 할 사람이 있으며 안타깝게도 제대로 쓰고 싶어도 쓰지 못하는 연약한 사람도 있습니다.

해석이 필요한 편지도 있고요 해석을 할 수 없이 사는 편지도 있으며 누구나 필요하고 누구나 좋아하여 편히 읽을 수 있는 편지도 있습니다.

폭력적인 편지도 있고 평범하지 않은 편지도 유혹하는 편지도 있기에 가면 갈수록 복잡해 조심스럽게 읽어야 할 편지가 많아지고 있습니다.

편지는 사람의 몸짓으로 습관을 어떻게 갖느냐가 중요한 문제입니다. 쓸모없는 습관을 갖게 되는 경우 편지에 가시가 돋아날 수 있습니다.

부드럽고 향기가 나는 인간다운 습관이 번지도록 연습이 필요합니다. 우리는 은혜를 깨닫고 거짓이 없는 편지를 기록

하며 살아가야 합니다.

때론 근심하게 하는 편지가 있을 수 있으나 자세히 미루어 살펴보면 깨끗하여 도와주고 돌이키도록 옳은 길로 밝혀주는 편지가 있습니다.

우리는 말보다는 사람의 오랜 행동을 보고 메시지를 읽어야 합니다. 말은 바람 같아서 필요하지만 대부분 흩어지는 습관을 닮았습니다. 매사 본이 되게 살 것은 이타적 길인 십자가 편지로 사는 것입니다.

부서지는 중

아름답고 웅장했던 빙하 몸이
부서져 내리고 있습니다.

넘쳐흐르는 많은 눈물과 함께
살점들이 잘려 떠내려갑니다.

펭귄도 북극곰도 백색 여우도
놀라서 살점을 잡고 떠돕니다.

극한기후 온난화 엘니뇨로 인해
참혹하게 뼈들이 드러나고
공중에서는 오로라만이
슬픔을 흩날리며 흩어집니다.

터전을 잃고서 홀로 걸어야 하는
생명들이 부서집니다.

신비한 자연의 세계도 사라지고
더 이상 빙하 이름도
고생대로 사라져

부를 수 없을 때가 몰려오고 있습니다.

거대하게 버티고 있는
지구 몸도 부서져 내릴 때가 올까요?

눈물의 봄

잠깐 울어도 가슴속까지 도착해 껴안아 주는 눈물이 있고
강물처럼 흘러도 도착하지 못해 휘발되는 눈물이 있습니다.

친밀하게 다가온 당신이 옛적부터 흘린 눈물은 속히도 빨리
지나간 듯하지만 수많은 나비를 부르는 친밀한 향기입니다.

리듬 소리처럼 부드럽게 다가와 속삭이듯 들려주는 눈물은
방황하여 길을 떠돌 때도 바른길로 가도록 열어주셨습니다.

종일토록 어두움과 싸우며 지쳐갈 때는 시간을 돌려서
잔잔히 흐르는 시냇물로 이끌어 편히 쉬게 하셨습니다.

당신은 홀로 수많은 조롱과 고난의 눈물을 견뎌내면서
우리를 더럽고 악한 오물에 빠져들지 않게 하셨습니다.

섧게 우는 눈물방울들을 모아 송아지처럼 기뻐 뛰게 하셨
으며 타들어 가는 사막을 떠도는 우리를 불러내 단비를 주
셨습니다.

멀리 떠나 살며 몸이 부서지고 뼈가 상하여 깨진 그릇의 모

습으로 돌아와도 따뜻한 손으로 깨진 상처를 감싸주시고 회복시켜 맑은 물을 담게 하셨습니다.

당신 향기를 가슴에 부어 입술을 새롭게 일으키시고 봄날이 되게 하셨습니다.

안전지대

뼈가 쇠하는 고통에서 일으키시어 새로운 노래가 되게 하셨습니다.

웃음은 당신께 있사오며 슬픔 중에 위로를 기쁨으로 보이셨습니다.

통곡 소리를 잠잠하게 일으켜 당신 음성으로 살아나게 하셨습니다.

내게 쏟아지는 대적의 화살이 장맛비처럼 소리 내며 공격할지라도 당신 방패를 뚫을 수 없이 무효하게 하시고 말씀을 따르는 자마다 갇혀 있던 검은 철창을 벗겨내 정오의 빛같이 일어나게 하셨습니다.

골수에 숨어 은밀히 먹는 좀 벌레를 찾아내사 티끌같이 멸하셨으며 흑암 중에 고통 하는 신음을 영영 환한 빛에 기뻐하게 하셨습니다.

어둠이 함정을 파 놓고 기다리고 있을지라도 순간의 빛에 사라지고 새로운 한길을 열어 끊어짐이 없는 한 몸으로 동행

하여 주셨습니다.

  나의 입술이 당신의 말씀에 빠져나오지 못하고 당신을 노래하게 하셨으며 발을 견고히 하사 반석에서 즐거워하여 당신 뜻이 이루어지게 하셨습니다.

영덕

오늘날 먹는 근본 생명 양식은 균등하여
많이 거두는 수고도 적게 거두는 수고도
같습니다.

하루 먹는 뿌리 양식에 감사할 줄 알고
연약함을 깨달은
당신의 겸손에서 맑은 영덕이 흐릅니다.

빛처럼 투명하고 부지런한 사람은
변하지 않을 마음도 말갛게 닦아
오늘 하루의 삶을 소중히 여기며
함께 소통하고 기뻐할 줄 알아 행복합니다.

오늘날 일할 수 있는 것이 행복의 근본이라
가벼운 걸음으로 즐거운 노래로 들어갑니다.

무명 나무꽃

여기 철옹성보다 견고하고 단단하게 불리는 나무가 있습니다.

새 생명이 탄생하는 품에서
알몸으로 죽은 나무는 새 이름이 되었습니다.

고통 저주 조롱 죽음을 안고
뿌리가 잘린 나무는 새 뿌리로 태어났습니다.

이름 없이 말없이 선택받은 나무는
죽은 채로 다시 골고다 언덕을 올라갔습니다.

당신에게 묶이고 못 박히고 피 흘려도
바보 멍청이로 잠잠히 생을 마친 무명 나무는

전에도 없고 후에도 없는 영원한 이름 십자가로 태어났습니다.

사람

흙이 깊음에서
울음으로 터져 나왔습니다.

울음이 없는 흙은
미완성에 머물러 생을 기다립니다.

뼈와 살이 생긴 흙은
울음이 터지면서 생을 먹기 시작했습니다.

계절 열기 흡수하고
바람과 비를 맞으며
식물 짐승 땅 하늘과 동거하며 살아갑니다.

흙으로 돌아가지 않으려고
무지개 숲을 키웠지만
가시와 엉겅퀴가 번져가면서 병이 듭니다.

친구와 새와 짐승과 숲이 떠나간 자리는

황폐하게 되었고

흙은 미완성으로 되돌아가 수면에 듭니다.

기일

아궁이는 아직 마르지 않은 볏짚이
짙은 연기를 뿜으며 불길을 사르고
검은 회색 부뚜막에 시래기 장국이
푸른 거품 터트리며 폴폴 익어갔다.

치맛자락 바람을 휙 휙 일으켜가며
펄럭일 때마다 제어되지 못한 그을음
어두운 동굴 속에 매달린 박쥐처럼
천장에 대롱대롱 매달린 검은 땀들.

머리카락 날리며 헝클어지길 반복
매일 일으켰던 일도 먼 곳 떠나고
어머니 부엌도 휘몰아치는 문명에
흔적도 없이 점령당해 사라져갔다.

엄마 치맛자락 속에 들어앉아 있던
청명한 바람을 타고 들어온 오늘은
옛 전류가 문명 밥을 짓는 날이다.

묘목장

고만고만한 작은 아이들이
다리 위에서 포승줄에 묶인 채
노예처럼 팔려 갈 새 주인을 기다리며 늘어져 있다

실오라기 하나 걸치지 않은 어린것들
획획 날 선 바람에 살점이 쓸려가는 날
흥정하는 소리가 새벽 찬 기운에 더 떠밀려간다.

부모가 물려준 이름은
흥정할 때 불리고 팔려 온 집에 도착해서
다시 한번 불릴 이름은
성장해서 열매와 함께 불릴 꿈을 꾸고 있다.

갑자기 이른 새벽부터
차갑게 몰아친 한파에
힘없이 웅크리고 있던 어린 호흡은
낯선 타향살이에 묶인 채 점점 사라져가고 있다.

어린나무만도 못하게
태어나자마자 버려지는 아이들 누가 보호해주지.

무인도 할머니

미성숙한 17세 소녀가
동거를 시작하자 곧 임산부가 되었지.
잠깐 견디다 감당할 수 없어
100일도 되지 않은 핏덩이를 버리고 도망갔어.

어리석은 18세 소년은
아버지라는 이름을 감당할 수 없어
병든 할머니가
핏덩이를 안고 젖동냥으로 살아갔지.

아들은 빗나간 불량소년처럼 매일 술에 빠져
방탕한 생활에 소리 지르는 주정뱅이로 변해갔어.

3년 버티며 근근이 살아왔던
할머니에게 닥친 충격적인 사건이 있었지.
아들이 4층 공사 현장에서 떨어져 죽었다는 소식.

그 후 할머니는 모성의 길을 따라 손자를
핏덩이 때부터 홀로 20년 동안 키워왔는데
야생 들짐승만도 못하게 변해

할머니 치매 걸렸다며 한밤중에 몰래 버리고 도망갔어.

할머니 홀로 치매를 버티다 버티다 쓸쓸히 고독사했지.

3부

깜부기 엄마

딸자식을 대할 때마다
눈치를 보다가
시집을 보내고 난 뒤에도 딸 눈치를 본다.

변화의 기준도 없이
딸에 빠져 허우적거리는
발목의 방황이 단순하지 않게 목이 탄다.

이웃집 자식은 엄마와
막힘없이 오고 간다는 소식에
갱년기로 들어오는 찬바람 같은 소리가 더 아프다.

그래도 수십 년 산 경험으로
평작 가정으로 살아왔건만 남들 가족 농사에 힐끔거리다가
쭉 올라온 깜부기가 솟아
이제 자식 눈치 넘 눈치에 검게 탄 속은 눈치 병 들렸다.

평생 자식 걱정하며 살아왔는데 얼굴이 왜 검붉게 올라올까?

담

시대 발전할수록 보이지 않는 장벽이
성벽처럼 높아지고 길어져 갈 때마다
상처의 골은 깊고 멀어져 가고 있다.

벽을 따라가 만나려고 달려가면 갈수록
더 길어지고 높아져 갈 뿐
쫓아가려는 간절함에
어깨는 무거운 짐에 눌려 더 기울어지고
걸음은 점점 느려져
먼 거리감에 곪아가는 상처가 터지면서 통곡이 깊다.

벽은 높아지고 길어질수록
견고한 성에서 쏘아대는 충격들을
홀로 막아내고 견디며 살아야 하는
소소한 평민에게 부딪치는 현실은 냉정하도록 차갑다.

수많은 공약 편지는 공수표가 되어
먹구름처럼 쌓이다 눈물이 되고
가끔 도착한 편지는
눈처럼 녹고 차디차서 손으로 잡을 수 없는 헛꿈뿐이다.

〈
시대가 화려하게 피어날수록 보이는
유리 담에 갇혀 느낄 수 없이 먼 고립된 담과 담 사이.

부재

여자는 어머니가 아니다.

예뻐지려고 꽃과 싸우고 열매와 투쟁하고
정체성 결투 현장에서 어머니를 내려놨다.

환경 따라 변해야만 하는 카멜레온 일상
어머니는 없고 혼자 살아내야 당당한 일.

필수도 사라지고 선택도 하지 않는 부재
뿌리가 깨져 박살 나도 즐겁다 살아가는

AI가 어머니가 되는 세상
AI의 족보가 생겨난 세상
AI가 트렌스젠더 되는 세상

여자 속에 어머니가 사라진 텅 빈 부재.

돌봄 미학

어느 날
길에 떨어져 어미 잃은 애기캥거루를 발견했습니다.

너무 약해서 살 수가 없어 집으로 데려와서 정성껏
먹이 주고 배변 돕고 세세히 돌보며 함께 지냈습니다.

주머니도 만들어 주면서 서로 남매처럼 살아가다가
캥거루가 성인으로 성장해 자연으로 돌려보냈습니다.

몇 년 후에 캥거루가 잊지 않고 집으로 찾아왔는데
캥거루 주머니에는 애기캥거루 두 마리가 있었습니다.

캥거루 눈은 맑고 깊어 비밀을 간직하고 있었습니다.

소나무 부부

광야 같은 벌판에
둘만 떨어져 사는
섬 속의 소나무 부부가 있다.

어디서 살다 어느 장사꾼에 팔려 와서
둘은 연이 되었는지
아무도 없는
콘크리트 성과 블록 바닥 세상에 둘러싸여 살고 있다.

칼날 같은 겨울에도 가뭄 살이 여름에도
아지랑이 피어오르는 봄
남편은 속 맘을 드러내고
아내는 꽃잎 곧이 드러내
내일을 마셔가며 콘크리트 성과 벌판을 꽃물 들여놨다.

타는 열대야를 벗어나지 못하여
숨 막히는 날도
살아갈 먹구름 너머를 바라보며
외롭지 않게 버티며 살아가는 섬 속 부부는
한때 푸르른 숲속 같은 날을 살았을 때보다도

불평하지 않고 서로 의지하며 단단하게 손잡고
콘크리트와 억센 벌판을 푸른 노래로 서서히 채워가기 시작했다.

자기만 키워가는 독신과 메마른 고집이 번져가는
딱딱한 회색 블록과 콘크리트 성에 둘러싸여도
언제나 흔들리지 않는 소나무 부부의
끈질긴 젊음과 끈끈한 기운이 짙게 번져가면서
환경이 휘어져 있어도 과녁을 향해가는 화살처럼
촉수의 끝이 살아 있는 한 시멘트 섬은 사철 봄으로 피어오른다.

아티스트

깊이 뻗어가자
멀리 달려가자
높이 날아가자
자유를 싣고서

아무도 없는 날에도
너를 위해 날개를 펴 안으리.

예술아!
창작아!

아무런 상관없이 뿌리 내리자.
자유를 찾아서 쓱쓱 퍼져가자.

구두와 아가씨

각종 색으로 진하게 산
화려한 구두 쓰러지면서

철퍼덕
덮쳤네.

젊은 꽃대
오르다 끝끝내 부러졌네.

모성

남자가 떠나고

홀로 칠 남매 품에 안고 살았던

꽃바라기는

꽃이 피기도 전부터

속에 웃음씨 있던 여자였습니다.

페이스북

아이가 밥 먹는 중에
어머니는 제대로 먹지 못하는 것을 보고
밥 먹는 것을 보여주고 가르치고 응원한다.

아이는 소통을 통해 어머니를 본다.

도움을 청하는 아이에게
잘하는 것 칭찬하고 필요 없는 것
벗겨내고 보충하도록 도와준다.

전혀 맞지 않는
어른 옷을 입고 다니는 당신에게
아무런 말을 하지 않는 어머니가 있을까요?

바람의 유익

나무는 바람에 의해
가지가 부러지고
새와 짐승은
부러진 가지로 둥지를 짓는다.

여러 가지 부는 바람은
당신 가지를 부러뜨리고 있지만
누군가 부러진 잔재를 가지고
집을 짓는다.

당신 가지가
부러지지 않는다면
누군가는
벌판에서 떠돌며 외로울 것이다.

바람은 오늘도
뭇사람 가지를 부러뜨려
당신이 깨어나도록
둥글게 둥글게 돌리고 있다.

잠자리 3종

청명 새벽
동트는 날 나무가 눈 뜨자

물잠자리
짝을 엎고서 이리저리 돌고

실잠자리
짝을 찾지 못해서 부산하고

고추잠자리
소나기 그치자 자동차 처박네.

어부 원칙

어부는
파도를 무서워하지 않아
어부 행세하기 때문에 겁먹는 거다.

어부는
입으로 물고기를 잡지 않아
가는 길을 찾고 도구를 이용해 잡는 거다.

어부는
배를 타고 흔적 없는 물거품만 흘리지 않아
바다와 물고기의 동태를 살핀 후 잡는 거다.

하얀 지우개

시장 갔다가 채소와 핸드폰을 검은 비닐봉지에 넣고 왔다.

비닐봉지 냉장고에 넣고는
핸드폰을 정신없이 찾는다.

왜 비닐 속에 핸드폰이 있지.

샤워 전 이어폰을 충전하기 위해 손에 들고 있다가
샤워장에서 이어폰이 샤워한다.

왜 손에 이어폰을 들고 있지.

그냥 마음이 급해지고 불안하다.
어둠이 찾아와 지워버리는 날들.

눈물 삼중주

사람의 눈물이 빛을 띠면 말하고

땀으로 산 눈물은 세월이 진하고

눈물 먹은 발밑은 단단히 독하다.

4부

영토 난민

빈민이 몰리면서
들킬까 봐
햇살 눈치 보고 있을 때

거친 파도는
곪은 속을 흔들어 놓고
쉭 달아난다.

송장 까마귀
빈곤으로 쑥 들어가
죽도록 할퀴고 파먹는다.

빈민이 되어
말도 빼앗긴 채
떠돌아다니는 밤바다여.

무궁화 가정

무궁화 소리에 귀를 댔다.

나의 뿌리는 보수야
나의 나무는 진보고
꽃과 열매는 자식이지.

보수가 드러나면 가정은 위험에 빠지고
진보가 잠자고 있는 가정은 무의미하여
희망도 열매도 없이 빈터만 있을 뿐이지.

뿌리와 나무는 떨어질 수가 없는 한 몸
다르지만 모순되거나 어긋남 없이 살지.

울음

방안에 잉잉잉
마루에 앵앵앵
장독대 웅웅웅

산천도 바다도
하늘도 사람도

울음을 남기려
시작과 마무리
소리소리 운다.

행운목

아침마다 출근할 때마다 눈에 띄는 행운목이 밧줄에 묶여서 온갖 쓰레기가 가득 찬 후미진 골목에 버려져 있다.

어느 방 안에서 얼마 동안 살았는지 시름시름 앓은 후 죽은 상태로 버려져 보면 볼수록 볼품도 없는 뼛조각처럼 흉물스럽다.

겨울 지나 6월 어느 날 행운목에서 이파리 한 잎 올라오면서 음산했던 골목을 훤하게 비춰주는 초록빛이 싱그럽다.

누구도 관심 두고 물 한 모금 주지 않았던 시간에도 묵묵히 스스로 생명을 키웠고 시체처럼 핏기 하나 없어도 죽음의 사슬을 넘어 살아 있음을 증명하듯 일어섰다.

화려하게 살아 있는 것만 관심 있는 사람 곁에 있는 것보다 이국적인 따뜻한 온돌방보다 편안한 자유는 버림받았지만 후미지고 자연스러운 구석이었다.

비록 냄새 풍기는 쓰레기 더미와 함께 버려졌다고 누구 탓하거나 자신을 포기하거나 서운함도 없이 살아가며 새로운 길을 스스로 열어서 보여줬다.

 쓸모없다 버림받아도 조금도 좌절하지 않고 다시 일어나 삶이 무엇인지 행동으로 보여준 행운목의 작은 가슴에는 솟아오르려는 희망을 품고 살았다

 지금 칠흑 같은 사슬에 꽁꽁 묶여 있고 가난과 질병 그리고 죽음의 그림자가 주변을 덮고 있을 자라도 당신 안에 있는 초록빛 희망은 새롭게 솟아오르려고 준비하고 있다.

콘크리트 성

흙 속에서 잠자고 깨어나 흙을 밟고 흙을 먹고 살아간 시간
마을도 집도 마당도 사방 흙으로 덮여
여름 장마철만 되면 마당은
아이와 미꾸라지가 함께 놀고 붕어가 뛰어놀던 놀이터였다.

어른이 된 후
사방 콘크리트 속에서 잠자고 콘크리트 마당에서
콘크리트와 함께 생활하다가
콘크리트에 쌓아놓은 탑을 타고 하늘을 올라가는 상상에
빠져간다.

콘크리트 굴에서 화려하게 치장한 어른들이 금붕어처럼 살고 있다.

어디서 왔는지 여러 마리 금붕어가 콘크리트 풀장에서 헤엄치다가
떼로 몰려다니다 공중으로 떠다니다가 번쩍 바람과 함께 살아가며
견고한 성 콘크리트에 갈급해 목 탄 금붕어가 깨지고 부서져 간다.

소화기

평화로운 가운데도
긴장을 풀어놓지 않으려고
단단히 강철로 몸을 둘렀네.

불 속에 뛰어 들어가
죽기까지 자신을 불살라
화마를 삼킬 준비가 된 불의 사자

한 번 먹은 음식도
소화 시키지 않고 꽉 채워
적들 속에 뛰어 들어가고자
붉은 옷 입고 그 자리 굳게 서 있네.

깨진 울음

 울타리에 갇혀 상처를 입고 홀로 살아가는 어린아이를 노리는 인간탈을 쓴 늑대는 상처 난 설익은 사과를 먹으려고 기웃거리리다 립스틱을 진하게 바른 후 소리 없이 접근해 손으로 슬쩍 감싸며 더듬다 낯짝으로 비비고 핥다가 이빨로 덥석 깨물었다.

 어린 사과를 손가락으로 살살 더듬다가 달콤한 입술로 만지작거리다 어느 날 임자가 있는 붉은 사과를 슬쩍 훔치더니 손톱을 안으로 쓱 넣고 품속을 문지르다가 급기야 동구 밖 외딴섬으로 끌고 가 삼켰다.

 속살 다 먹어 치워 가시만 남은 몸은 검은 사람들이 쏘는 눈들에 깔려 죽어가고 있다.

옛 가족

희미하게 안개가 덮여 있는
옛길을 따라 들어가면
풀잎에 붙은 반딧불이
반짝반짝 빛을 뿜어내고 있다.

어린아이들은 몸을 웅크려서
담장 볕 옹기종기 모여 있고
젊은이는 진하게 살아보려고
호롱불 밑에서 희망 끈 좇고
새벽부터 밭고랑에서 부모는
허리 굽는 줄 모르고 싸운다.

여름내 벌레가 숭숭 파먹어서
떨어질 듯한 갈색 나뭇잎같이
송송 구멍이 뚫린 천을 걸치고 살아도
가족 온기는
변함없이 재생을 꿈꾸며 반들거리고 있다.

빅뱅의 행복

아메리카 대륙을 발견한 콜럼버스는 신대륙을 발견했다며 이름을 붙이고 환호했으나 그곳에 살고 있었던 원주민들에게는 대륙이 조상 때부터 유산으로 내려온 조국이다.

서로에게 낯선 존재로 새로운 이름을 각각 붙여 불러주는 일이다.

처음 가는 이웃 동네도 낯설어 길을 찾는데 당황할 때도 있지만 우리는 계속 새로운 길을 찾아 새로운 세계를 만들고 싶어 한다.

폭발로 계속해서 새로운 것을 찾아내 새 이름을 붙이는 사람은 혼자 낯선 이름보다 함께 만든 낯섦의 이름으로 행복을 찾는다.

찾아가 온몸으로 풀어가는 사막 속 어딘가 있을 싱그러움의 세계.

장마로 밀려와 험하게 흐트러진 자갈밭 어딘가에 핀 낯선 언어들.

〈
 부드러워 보이는 뭉게구름 속을 넘어 무한한 어딘가에 있을 낯섦.

늙은 태극기

떨어질 나뭇잎인 줄 알면서도 뭔가 있다고 짜내고 부딪치면서 삶을 불덩이로 뜨겁게 태우며 살아왔는지 어리석은 시장마당 광대놀이처럼 살며 울었던 상처 자국만 붙었네.

빛바래 찢어져도 펄럭이는
늙은 태극기는
혼자서는 내려오지 못하고
언제나처럼 장대에 매달려
허공 속 비바람과 시린 눈보라에도
자기 일이라며 바람이 시키는 대로 흔들고 있네.

머리카락 쑥쑥 빠져나가면서 뜨겁고 건조한 사막의 벌판에서 살아남아도 다시 푸른 시절로 돌아갈 수 없는 깃대 끝에서 서서히 끝자락이 부서져 내려도 펄럭이는 중이네.

악수

흐르는 음률로
함께 걷는
악수.

저만치 서서
문장을 손짓하는
정원.

호수에서
꾸물꾸물 올라오는
입맞춤.

여덟 날개를 펴고
팔락팔락 오르는
팔색조.

집짓기

어렵지 않도록
문장이 집을 짓고
문자들이 생활하는 거야.

산과 벌판에 떠돌아다니는
유랑 풀씨들을 곱게 만나서
소로로 살림하며 품 씨로 밥을 짓는 거야.

문장 집을 풀어 놓으면
당신과 함께
떠돌아다니다 출렁일 때 날갯짓하는 거야.

마니아

심마니는 산삼을 캐려고 아무 산이나 오르지 않고
산삼이 있을 만한 산을 알고 오른다.
심마니는 산삼을 볼 수 있는 눈을 가졌으나
산삼만 위해 산에 가는 것이 아니라 심신 수양과 약초도 캐러 간다.

시 마니아는 시를 창작하려고 시 산에 들어가
시 삼을 발견하고 캔다.
시 삼만 찾는 것이 아니라
다양한 문장을 발견하여 시를 점점 승화시키고
시가 있는 산에 오르면서 시심을 맑게 하여 글을 캐고 수양도 한다.

상상 훈련

 창작의 새로운 생명이 시구에서 드러날 때마다 울림과 동작이 있어 시와 함께하는 즐거움과 아름다움에서 나오는 미학을 발견하고 시를 접하는 기본적인 형식과 구조 그리고 문학적 학문 속에서 시의 움직임과 시적인 감흥이 일어날 때마다 잉태하는 경험을 온몸으로 한다.

 화자의 마음으로부터 나오는 생생한 전개로 시를 잘 드러낼 수 있을 때 정점에는 꽃이 피어나고 시 전계를 통해서 수많은 화자를 설정해 웃음과 울음 슬픔과 행복 상처와 회복 등 다양한 내용의 변화와 다양한 시각으로 생생한 표현을 할 수 있게 한다.

 정치 경제 종교 문화 사회 국방 가정 개인 이슈와 사건 사고 등 인간의 다양한 일에 종사하는 사람을 화자로 설정해서 표현할 수도 있고 다양한 메시지를 표현하고자 식물 동물 사물 등 자연계의 어떤 것이라도 화자로 설정해 그려낼 수 있도록 한다.

 문학은 글로 만드는 학문으로 글의 시작은 있어도 끝이 없는 무한한 상상과 표현을 통해 그려지는 문자 그림 이야기 같은 것으로 보는 것과 보이지 않는 것을 가지고 문학을 창작하고 상상이라는 도구를 가지고 삶을 표현하고 번득이는 느낌과 오감을 가지고 글이 살아나게 하여 연속적인 바통을 이어가면서 시와 동행할 수 있게 한다.

한 문장을 가지고 수많은 표현을 해낼 수 있는 글 꾼이 될 수 있다는 것과 티끌의 작은 몸짓을 통해서도 우주를 보여줄 수 있는 것이 문학의 발상이며 우주는 풀에도 있고 작은 미물에도 둥지를 틀고 있다는 시적 발상을 갖는다.

우주에 존재하는 모든 것은 하나의 집처럼 안식이 있고 쉼이 있고 인간이 깨달을 수 있는 깊은 통찰을 간직하고 있기에 우주에 무엇이 있는지 귀를 열어 듣고 눈을 떠 살피고 관찰하여 온몸으로 그들 세계로 들어가 소통하는 시를 창작할 수 있도록 한다.

한 개체를 소중히 여길 줄 아는 사람이 공감 능력을 발휘하고 그들의 이름을 부르고 이름을 짓는 것이 관심사이며 그들과 서로 교신하면서 신비의 세계를 만나 여행할 수도 있고 닫힌 문을 열 수 있는 것이 소통에 의한 창작문학의 길이다.

〈

 어린아이 같은 순수로 들어갈 때 비로소 알 수 있고 부드럽게 나를 보여줄 때 그들은 관심 있게 다가오고 마음을 열고 부르지 않으면 움직이지 않고 반응하기 싫어한다. 이름은 문을 여는 열쇠로 부를수록 가까이 다가와 깊은 속까지 열고 친구처럼 공감해 줄 수 있는 하나 된 장마당에서 서로 소통할 수 있는 세계와 깊은 통찰 문학을 펼쳐 보일 수 있다.